I0214244

LINA LA JABALINA

LINA THE JAVELINA

Escrito e ilustrado por
Written & Illustrated by

Marybell Morse &
Eric Robert Morse

Little Treasures

*P*ara nuestras pequeñas jabalinas

*F*or our little javelinas.

Derechos de autor © 2024 por Marybell Morse y Eric Robert Morse. Todos los derechos reservados. Ninguna parte de este libro puede ser reproducida sin el permiso de los autores y artistas. Este libro ha sido publicado por Little Treasures, un sello de Code Publishing, *www.LittleTreasuresPress.com*.

Copyright © 2024 by Marybell Morse and Eric Robert Morse. All rights reserved. No part of this book may be reproduced without the permission of the authors and artists. This book is published by Little Treasures, an imprint of Code Publishing, *www.LittleTreasuresPress.com*.

ISBN: 978-1-60020-338-1
1-60020-338-8

Library of Congress Control Number: 2024916270

Esta es Lina la Jabalina.
Ella usa botas rojas.
Ella quiere ser una vaquera.

This is Lina the Javelina.
She wears red boots.
She wants to be a cowgirl.

Usualmente las jabalinas no aspiran a ser vaqueras.

Most javelinas you meet don't aspire to be cowgirls.

Pero Lina es diferente.

But Lina is different.

A ella le encanta correr por
el cañón rocoso...

She loves to race
through the rocky canyon...

buscar fosiles...

dig for fossils...

y contemplar el cielo lleno de estrellas.

and gaze at the starry sky.

Un día, Lina estaba jugando al escondite y encontró algo especial en el suelo.

One day, Lina was playing hide-and-seek and found something special lying on the ground.

«¡Cielos, es una muñeca vaquera!», dijo ella.

«Me pregunto de quién será. Iré a investigar».

"Good Heavens, it's a cowgirl doll!"
she said.

"I wonder whose it is.
I will go find out."

Se lo llevó a Cody el Coyote.

She took it to Cody the Coyote.

«¿Es tuya esta muñeca?», le preguntó.

«No», dijo Cody. «Yo no tengo muñecas».

"Is this your doll?" she asked.

"No," Cody said. "I don't own any dolls."

Entonces se la
llevaron a Tula la
Tortuga.

So, they took it to
Tula the Turtle.

«¿Es tuya esta muñeca?»,
le preguntó Lina.

«No», dijo Tula.
«Todas mis muñecas
están en casa».

"Is this your doll?"
Lina asked.

"No," Tula said,
"all of my dolls
are at home."

Entonces se la llevaron a Army el Armadillo.

So they took it to Army the Armadillo.

«¿Es tuya esta muñeca?»,
le preguntó Lina.

«No», dijo él.
«Seguramente le pertenece
a uno de los campistas».

"Is this your doll?"
Lina asked.

"No," he said,
"it must belong to
one of the campers."

«Si que es hermosa. ¿Nos podemos quedar con ella?», preguntó Tula.

"It's lovely.
Can we keep it?"
Tula asked.

«Tal vez podríamos intercambiarla por unos sabrosos bocadillos», dijo Cody.

"Maybe we could trade it with the campers for some tasty vittles!" Cody said.

«No podemos acercarnos a los campistas—son peligrosos», dijo Army.

"We can't go near the campers—they're dangerous," Army said.

«Una vaquera haría lo correcto», dijo Lina. «Deberíamos devolverla».

"A cowgirl would do the right thing," Lina said. "We should return it."

Entonces embarcaron en una aventura . . .

So, off they went on an adventure . . . .

sobre la
colina . . .

the

over

up hill . . .

a

través

del

cañón . . .

through

the

canyon . . .

y al cruzar el arroyo . . .

and across the creek . . .

hasta que llegaron al campamento.

until they reached the campsite.

Army tenía miedo. «Tal vez deberíamos regresar», dijo el.

Army was scared.
"Maybe we should go back," he said.

«Anda, no seas miedoso», dijo Cody.

"Don't be a yellow belly," said Cody.

«¿Entonces Cody, tú les devuelves la muñeca?», preguntó Tula.

"Well, Cody, will you give them the doll?" Tula asked.

«¡Sé que puedo ser imprudente, pero no me voy a meter en problemas!», dijo Cody.

"I may be foolish, but I ain't going to be crow bait!" said Cody.

«No», dijo Lina. «Yo encontré la muñeca. Yo la entregaré».

"No," Lina said. "I found the doll. I will deliver it."

Entonces Lina se acercó hacia el campamento.

So she crept toward the campsite.

Pero cuando los campistas vieron a Lina, se alarmaron.

But when the campers saw Lina they were alarmed.

¡El hombre se levantó y la espanto! «¡Bribona! ¡Alejate!», le gritó.

The man got up and shooed her away! "Varmint! Get away!" he cried.

Lina logró escapar, pero en ese entonces
la niña vio lo que tenía en sus manos.

Lina escaped, but then the
little girl saw what she had
in her hands.

«¡Ella encontró mi muñeca
vaquera!», dijo la niña.

"She found my cowgirl doll!"
the little girl said.

«Esta bien señorita Jabalina», dijo la niña.
«No te haremos daño».

"It's okay, Miss Javelina," the little girl said.
"We won't hurt you."

Cuando Lina escucho esto, trajo de regreso a la muñeca.

When Lina heard this, she brought the doll back.

Lina puso la muñeca a los pies de la niña.

«Muchas gracias señorita Jabalina», dijo la niña.

Lina laid the doll at the little girl's feet.

"Thank you, Miss Javelina," the little girl said.

La niña estaba muy agradecida de recuperar a su muñeca.

Estaba aún más agradecida de haber conocido a una nueva amiga.

The little girl was grateful to have her doll back.

She was even more grateful to have met a new friend.

Lina se fue apresuradamente y se despidió.

Lina scampered away and waved goodbye.

Pero antes de que se alejara mucho, el señor la llamó: «¡Espera! Tengo algo para ti».

But before she left, the man called out, "Wait! I have something for you."

El dejó una bolsa de sabrosos bocadillos para Lina.

«Gracias por traernos la muñeca de Sally», le dijo.
«Estos son para ti».

He put down a bag of tasty vittles for Lina.

"Thanks for bringing Sally's doll back,"
he said. "These are for you."

«Estoy verdaderamente agradecida», dijo Lina.

"I certainly am much obliged," Lina said.

Y con eso, Lina fue de regreso con sus amigos.

And with that, Lina went off to catch up
with her friends.

«¡O Lina, nos alegra mucho que hayas regresado!», exclamó Tula.

"Oh, Lina, we're glad you made it back!" Tula exclaimed.

«Sí, no pensábamos que salieras bien de ese aprieto», dijo Army.

"We didn't think that you would make it out of that pickle," Army said.

«Solo recuerden: ¡Donde hay valor, hay posibilidad de aventura!», dijo Lina.

"Just remember: Where there is courage, there is adventure!" Lina said.

«¿Oye, y que tienes en esa bolsa?», preguntó Cody.

"Say, what do you have in the bag?" Cody asked.

«¡Nos dieron unos ricos bocadillos por regresarles su muñeca!», dijo Lina.
«¡Podemos compartirlos para la cena de hoy!»

"They gave us some tasty vittles for bringing their doll back!" Lina said.
"We can share them for supper tonight."

Así regresaron a casa . . .

So off they went back home . . .

al cruzar el arroyo . . .

across the creek . . .

a

través   cañón . . .

del

through

the   canyon . . .

y
sobre
la
colina . . .

and
back
over
the
hill . . .

hasta que regresaron a casa

donde cenaron sabrosos bocadillos mientras
contemplaban el cielo lleno de estrellas.

until they got back home,

where they enjoyed tasty vittles for supper
while they gazed at the starry sky.

El fin.

The end.

www.ingramcontent.com/pod-product-compliance
Lightning Source LLC
Chambersburg PA
CBHW060750150426
42811CB00058B/1368

*9 7 8 1 6 0 0 2 0 3 3 8 1 *